JN439728

술래가 찾지 못한 이름

술래가 찾지 못한 이름

홍춘녀 시집

동행

장을 열며

곱게 물든 낙엽만 봐도 눈물 납니다.
나를 잊고 숨 가삐 달리다가 뒤를 보던 날
황혼은 서서히 내려와 있었죠.
초등학교 입학하러 가듯
셋째 딸 손에 이끌려 따라간 시 창작 교실
시와의 만남으로 이름 석 자 찾고
황혼 길을 행복으로 물들이며
고운 마무리 하려 합니다.
초라한 내 일상의 이야기들
쑥스럽고 부끄러워 망설이다가
조심스레 한 발짝 흔적을 남깁니다.

2012. 겨울에

홍춘녀

CONTENTS

2 동그라미 그리다

3 마음을 빗다

4 가슴 갈피에 품었다가

5 목련꽃

CONTENTS

1

매듭으로 엮는 미소

거울 속의 여자

거울 속 낯선 얼굴
하염없이 돋아나는 세월의 은빛 이삭
한 올 한 올 뉘여 덧칠하고
화장 곱게 하지만
선명하게 드러나는 삶의 훈장

계단을 내릴 때마다 거북해지는 무릎
녹슬어 아둔해진 머리
식은 방고래 같은 무덤덤한 가슴
무엇으로 처방해야 하나

동지섣달 깊은 골목
하얗게 서성이는 시린 바람 소리
어디선가 슬픔이 날아와
가슴에 콕 박힌다

"새댁 피부 곱기도 하지"
아직 귓가에 생생하게 맴도는데

날씨

한 잎 두 잎 떨어지는 낙엽인 줄 알았던
나
아직 수분 남아
꺼이꺼이 억새 옆에서 울고 싶다
한없이 울고 싶다
삶이란 날씨와도 같은 것
황혼길에 와서야 찾은 행복
이웃사촌이 배앓이하는 걸까
갈바람이 심술부리는 걸까
모두가 제 앞 챙기기 바쁜 세상
돌아보지 못하는 삶
상처 주고 상처받고
가슴앓이하고
그러다 돌아보면
삶은 풍요롭고 넉넉한 것을
푸르던 나뭇잎 곱게 단풍들어
미련 없이 다 내주고 떠나듯
남은 삶 곱게 물들고 싶다

가슴앓이

7년도 안 된 냉장고가 제 기능 놓아버려
마법의 기사 요리조리 달래며 어르다가
가스 새는 데는 손쓸 수 없다고
8년 보장기간 1년 남은 치만 보상된다며
인정 사정없이 내치고 간 뒤

평생 한으로 똘똘 뭉친 냉가슴
폭발했나 보다
걷잡을 수 없이 흐르는 저 눈물
흥건히 고이도록 멈출 줄 모른다
하루에도 몇 번씩 얼굴 마주하지만
혼자만 가슴앓이했나 보다
도움 하나 못 준 나는 가겠다는 너를
붙잡을 수가 없다
발길 닿는 대로 어디든 가려무나

가슴에 손을 얹고
누군가의 시린 가슴 녹여 줄 수 있는
마지막 삶으로 갈무리하고 싶은데

한파

온통 세상이 꽁꽁 언 위로
칼바람 휘젓고 다녀
밖에 나가기가 무섭다
삼한사온은 먼 추억으로만
그리워해야 하나

TV에 눈이 마주치면
하늘 높은 줄 모르고 오르는 물가
죄 없는 짐승들의 억울한 죽음 앞에
말없이 떨구는 눈물 방울
양어장에도 떼죽음당하는 물고기들의 통곡
한 치 앞을 볼 수 없는 눈보라의 나날

따뜻한 온돌방이 그립다
어머니의 포근한 가슴에 얼굴 묻고
옛날로 돌아가고 싶다

상처

초등학교 1학년 손녀
예쁜 단풍잎 모아오기 숙제라고
할머니를 앞세운다

주민센터 옆 안뜰공원
빨강 주황 노랑 나뭇잎이
작별의 순간을 담담하게 기다리고 있다

유난히 곱게 단장한 나뭇잎
가까이 가보면
흠집 하나 없는 잎 찾기 어렵다
모두 상처 하나씩 안고 있다

겉은 화려하고 행복해 보이는 사람일수록
다가가 마음 열어보면
한평생 눈물로 씻고 울음으로 삭인
멍 하나쯤 품고 산다
잠시나마 그 멍 잊기 위해
곱게 치장하는 것이다

찐빵을 가르며

국민은행 사거리
신호등과 딱 마주보는 찐빵집
줄에 서서 한참 기다려 받아든 빵
우렁이처럼 봉지집 통째로 차지하고 앉은
달덩이다

집으로 돌아와 반을 쪼개니
팥소 가득 어머니 얼굴이 포개져
눈앞이 흐려진다
허기졌던 그 시절
가마솥 그득 찐빵을 쪄주셨던 어머니
포실포실 팥고물이 입 안 가득
꿀 같았던 어머니 손맛

세월은 어머니를 아기로 되돌려 놓아
걸을 수도
말할 수도
딸을 알아볼 수도 없게 해 놓고
시치미 뚝 떼고 있다
빵 한 조각 눈물로 토해진다

스토커(stalker)

아파트 담벼락에 걸터앉아
요염하게 눈웃음치는 덩굴장미

수영장 가는 버스 안에서
살짝 내다본 바깥 세상
어쩌면 좋아
초록 바람 앞세우고 뒤따라오고 있는
저 정열의 사나이

어느새 앞질러 왔는지
수영장 울타리를 에워싸며
붉은 가슴 터지도록 사랑을 고백하네

남편의 끈질긴 구애에 넘어가 결혼했다는
앞집 젊은 새댁
나도 넘어갈지 몰라
저 활활 타오르는 불꽃 속으로

내 작은 정원에는

살짝
비 뿌리고 간 아침 뜰에
햇살 타고 흐르는 영롱한 이슬이
눈부시다

베란다 작은 정원에
까르륵 까르륵 꽃들의 웃음소리
요란하다
한쪽에선 공작선인장 세 쌍둥이 잉태하고
오늘내일 해산날만 기다린다

힘겨운 모습 애처롭다

화초를 기르면서 배운다
정성과 사랑이
얼마나 소중한지
얼마나 뜨거운지

온 힘을 다해 피워낸 꽃송이들
자분자분 피어나는 행복
내 오롯한 일상의 기쁨

시인과 화가

고단한 하루가 서서히 문 닫을 즈음
뒤 베란다에 나가 있던 작은 손녀
숨넘어갈 듯 할머니를 불러댄다
예쁜 시가 하늘에 달려 있다고

서녘 하늘가엔
작열하던 태양이 곱게 물들어
홍시처럼 발갛게 달려 있었다

그래 할머니는 시 쓰고
너는 그림 그리고
누가 더 잘하나 맞장 한 번 떠보자

일곱 살 먹은 작은 손녀
거침없이 도화지에
노을을 곱게 물들이는데
나는 아직 한 줄도 쓰지 못하고
백지와 씨름하고 있다

고향집

봄 햇살이 아주 고와 외로운 날
고향집 뒤꼍 장독대 옆 노란 매화꽃
만발했겠지
앵두꽃 붉게 붉게 수줍음 토해 내겠지
정화수 사발에도 꽃잎 하나 사뿐히 내려앉았겠지

햇살 들며 날며 빨갛게 달군 앵두
가지 휘어지도록 익어 가면
함지박에 소복소복 따 담던 어머니
오릿길 읍내 장에 자식 용돈과 바꿔 오셨지
어머니!

술래가 찾지 못한 이름

40여 년 동안 꼭꼭 숨어 살았습니다
아무도 불러주는 이 없는
깊은 산 속 들꽃으로 살았습니다
모진 비바람
혹독한 눈보라 헤치며
순두부 같은 그리움만 먹고 살았습니다

코흘리개 어린 시절이 저려오는
황혼길에 와서야
이름 석 자 위에 빛이 들었습니다
생기 얻은 그리움 새순처럼 움틔웁니다
골마다 우거진 잡초 솎아내고
예쁜 꽃밭 하나 만들어
사랑하는 딸들에게 안겨주고 싶습니다

아름다운 인연으로
인생의 매듭 엮어가는 행복한 미소가
봄볕만큼이나 향기로워 대지를 적십니다

무궁화 꽃이 피었습니다
찾았다 꾀꼬리

불면

깊은 밤
잠 못 이뤄 뒤척이다가

창밖으로 올려다본 하늘엔
별 하나 외로이 가지 끝에 매달려 숨죽이고
아파트 고층건물 위에 처연히 떠 있는 초생달
만월의 꿈 안고 오돌오돌 떨고 있다

어둠이 토해낸 적막은 나목으로 서성이고
칼바람 스치고 간 자리엔
텅 빈 가슴만 하얗게 지새운다

시월 마지막 밤

추적추적 비가 온다
흩어지는 낙엽을 보며
그리운 얼굴 마주하고
커피 한 잔에 주절주절
이 밤, 새우고 싶다

살아온 만큼이나 자욱한 안개
고즈넉한 시월의 마지막 밤은
흐르는 시간만큼 허무가 깊어져
젊음의 열정도 황혼의 낭만도
가을걷이 끝난 들녘의 허수아비 마냥
허허롭다

낙엽이 파르르 떨고 있다고
너무 아파하지는 말자
겨울의 인고를 거쳐야 연초록의 봄을 맞는다
이파리 하나까지 다 비우는 나무처럼
내 생의 남은 시간도 아낌없이 비워야겠다
나를 되돌아보게 하는
시월 마지막 밤

망각 40년

수북 쌓인 낙엽
발끝에서 울부짖는다
누구인지 또박또박 뒤따라와 길동무 하잘까
허전한 마음 눈물되어 떨어질 것만 같다

나를 잊고 살아온 40여 년
저 밑바닥에서 아련한 기억이 되살아나던 날
온통 내 세상인 양
여린 몸짓으로 하늘 높은 줄 모르고
날려고만 했었다
세상은 호락호락 내 것이 아닌 것을
끝내 깊은 수렁으로 빠져들고 마는 마음
붙잡으려 안간힘 써 보지만
힘이 없다

그대가 피우는 꽃

초라한 집 한 채 장만해 놓고
텅 빈 공간에 뭐를 놓아야 할지
살기 바빠 제대로 된 살림살이 하나도 없는데
혹여 그대가 찾아오면
부끄러워 어쩌나 대책이 안 서요
휑한 머릿속 아무리 헤집고 다녀봐도
절벽을 뛰어넘진 못하네요

그러구러 또 수 날이 흘러
어려운 일 감당 안 될 때
허한 가슴 자책으로 끝없이 추락할 때
힘 돼 준다고 했던 그대가 생각나
그런 날을 기다리며 쓸고 닦고
그러다가 찾아온 그대
그날은 말끔하게 활짝 웃네요
그대 발걸음은 무용수
그대 손짓은 정형의사
그대 마음은 전도사가 됐다가
행복 짓는 시인이 됐다가
세월의 밭에 사시사철 꽃으로 피네요
영원히 지지 않는 마음의 꽃이네요

휴일은 외롭다

어둠이 내려온 지 꽤 오래
마음은 집에서 멀어진 듯
상점마다 기웃기웃 눈요기 한창인데
눈에 딱 들어오는 코끼리 만두집
언젠가 맛나게 먹었던 떡만둣국
누군가 식당 안으로 떠미는 것 같아
보란 듯 들어가 자리 하나 잡고
같이 먹을 사람이라도 있는 듯
전화번호 이리저리 굴려도
모두 아닌 것 같다

혼자 바람맞고 사는 세상
가슴 한쪽 베인 것 같은 통증
삶이란 이렇게 외로울 때도 있구나

여류

빨간 고추잠자리 한 마리
아파트 입구에 서 있는
향나무 가지에 앉았다
가을 냄새 맡아 보라고
호수 같은 하늘 쳐다보라고
왕방울 눈짓이다

들녘에는 들국화
길녘에는 코스모스
산들대는 자취마다
한 무더기 그리움 가슴에 안기고
사라지지 않는 추억은
삶의 파편 같은 것

나이 들면
추억을 먹고 산다더니

시간 재기

오후 3시 40분은 내 몸의 정지선
수영장의 인어가 되어

신나는 에어로빅
한 시간을 누비고 나면
손녀의 귀가 시간에 쫓겨
달리기 선수가 된다

숨이 턱까지 차올라 도착한 집
베란다 방충망 활짝 열고
아파트 끝 모퉁이 돌아 나타날 손녀를
사슴 목만큼 길게 빼고
기다린다

승민아!
할머니!
고사리 손이
헉헉 숨소리도 삼켜 버린다

탈출

주어도 주어도 끝없는 사랑
자식에게서 손주에게로
40여 년 빈 가슴 무엇으로 채워야 하나
자신을 찾겠다고 훌훌 털고 나간
주말연속극 여주인공의 용기가
얼마나 부러운지
바람되어 훨훨 날고 싶다
깊은 산 속 새들의 노랫소리 들으며
들꽃 친구가 되어 주고 싶다
한적한 바닷가 설움 토해내며
울부짖는 파도의 친구가 되어
토닥토닥 안아 주고 싶다
아버지 땀방울 송골송골 맺혀 있는 원두막
청참외 쪼개면 첫사랑의 황금빛 향기
바람과 오순도순 그날로 돌아가고 싶다

오랏줄

초복 전날
대형마트의 전단
"오후 3시 삼계탕닭 감사세일 한 사람당 3마리 한정"
2,300원이 1,290원으로 감면당한 보복의 힘이
백여 명을 꼼짝 못하게 묶어 놓고 있다

나이 지긋한 아주머니
남편에게 바구니 들려주며
줄 잘 지켜라, 당부하고
감면당한 삼겹살은 오만상

매장을 점령한 긴 줄
시간은 칼 같은 신용에 묶여 있다
한푼이라도 아끼고 절약하는 서민들
언제쯤 바구니 가득 웃음이 채워질지

나 찾기

시가 마음 달구는 날
기쁨이 친구하자네

묵정된 마음밭에 가뭄 들어
꽃씨 하나 싹 틔우기 힘겹구나
오늘도
시원스레 물줄기 내려주길
학수고대하지만
해갈될 기미 보이지 않네

아버지 밤새워 발동기로 물 끌어올려
고갈된 논 벼이삭 황금물결 이루듯
밤새 꽃씨 하나 피워 보자

살아가는 동안 까마득히 잊었던 나
인생의 끝자락을 찬연히 밝혀
노을빛 고운 길 아름답게
수놓아 보자

2

동그라미 그리다

엄마와 딸

땅으로 자꾸 내려가려는 엄마의 키를
두 딸이 팔짱으로 세우며
조심스레 거리를 활보한다
엄마가 딸 되고
딸이 엄마되어서

딸만 내리 낳아 기죽어 살던 시절
세월은 공평하게도 어깨 펴고
행복을 누리라 한다

진수성찬에 혀가 놀라고
영화 '도가니'에
인간의 탈은 어디까지인가
울분을 토해내기도 한다

고무줄놀이 술래잡기 참외서리
해는 서산에 숨어
어둠을 호령하는 엄마의 부지깽이 소리에
뿔뿔이 집으로 돌아갔던
눈물겹도록 그리운 시절
뮤지컬 '친정 엄마'
딸들이 추억여행 시켜준다

자식 위해 사는 게 재미고 목적이고 보람이었던 삶
딸이 엄마되어 자식 낳고
엄마의 절절한 사랑을 느낄 때
이미 늦은 효도는
허공에 소리친들 메아리만 돌아올 뿐

내가 세상에서 제일 사랑하는 건
엄마가 아니어서 미안해 정말 미안해
울부짖음이 귓가에 쟁쟁 들리는 듯

슬림 바이크

엄마에겐 운동이 생명줄이라고
딸은 오늘도 잔소리
딸이 엄마인지 내가 딸이 된 건지

무릎관절에 자전거 타는 게 좋다고
새로 산 자전거가 성화다
뒤뜰로 끌고 나가 타보려니
50여 년 세월 앞에 낯설기만 하다
자전거 배운다고
박꽃 하얗게 미소 짓는 달밤에 타던
그 열성 어디 갔는지
두어 번 넘어지고 그냥 끌고 들어왔다

TV 홈쇼핑이 온갖 유혹 다해도 꿈쩍 않던 딸
엄마 무릎에 좋다는 효심에 넘어가
거실로 불러들인 슬림 바이크
튼튼한 다리 만들어 준다고 호언장담이다
처음엔 느슷하게 점점 조이며 강하게 밟으면서
TV 보고 시 외우고 팔운동도 하라는 딸의 분부다

페달 밟으며 연속극에 빠져들기도 하고
눈 감고 상상의 나래 펼쳐 동그라미 그리다 보면

무심천 물바람이 머리칼 날리고
초록 갈대와 코스모스가 반겨
고추잠자리와 한껏 달리기 시합도 하면서
페달을 굴리면 딸이 달려온다

세상은 참 편리하구나
살아볼 만한 세상이라구

귀한 손님

큰딸 김장하러 오는 길에
발자국 겹친 귀한 손님 셋
자식들 뿔뿔이 제 갈 길 찾아 떠난 뒤
낙엽 소리 밑으로만 내려앉을 때 시가 잡아줬듯
화초가 자식으로 다가왔다
그런 엄마의 맘을 아는 딸
사위 그림 전시회에 안내 맡았던 화초들
화사한 호접난은 피로한 기색 없이 얼굴 눈부시다

베란다 작은 정원에 잔치가 벌어졌다
제주에서 입양해 온 동백
3년이 넘도록 마음 한 번 주지 않더니
드디어 붉은 가슴 활짝 열어 안긴다
천리향 꽃향기 멀리멀리 날아가
함박눈 맞고 싶다는 응석
앙증맞은 환타지아 바닐라향 마구 뿜어내고
새로 온 난 친구들과 집안이 떠나가도록
축가를 부른다
응어리 눈 녹듯 사라지는

다육이

딸이 데리고 온 다육이 화분 하나
웃자란 키에 축축 늘어진 여린 모습 안쓰러워
꽃가게 달려가 얻은 자문
잘라서 한 삼사일 말려 화분에 심고
물도 바로 주지 말란다

미리 체력단련시켜
험한 세상 헤쳐가라는 걸까
생명력이 얼마나 질긴지 시험해 보는 걸까

관절 마디마디 꺾어 쟁반에 나란히 놓고
잘 참아내서 건강하게만 자라 달라
수능 지켜보는 엄마의 심정으로 합장한다

언젠가는 꽃피울 날 오리라고
언젠가는 열매 맺어 축복받을 날도 올 거라고

만원의 가치

딸이 건네준 만 원짜리 상품권이
반갑게 악수를 청한다
얼마 전 대한항공 가족여행기 응모에
참가한 흔적이다

스튜어디스 딸의 비행기에 올라
꽃구름 속 하얀 목화송이 따시던 어머니 얼굴도 보았고
달짝지근한 다래향에 취해 고향 뒷동산도 거닐어 보았다

11 시간의 긴 여정
빠알간 튤립과 사랑의 키스
돌아가는 풍차 앞에서 팔랑개비 날리던 순수가 뛴다
흑인 백인 황색인들과
나란히 거리 활보도 하였다

가장 가슴 달구었던 건
존경하는 도종환 안도현 정호승 시인이
내 집 초대에 흔쾌히 와 주셨다는 것
거나한 취기에 즉석에서 멋진 시를 선물받기도 한 것
이보다 더 큰 만 원의 가치가 어디 있을까
억대 복권 당첨보다 더 가슴 떨린 만 원짜리 상품권

동심에 빠져

눈이 소복소복 쌓이던 날
현관 밖이 소란해지면서
딩동댕 딩동 딩동 벨이 숨넘어 간다
두 손녀가 들어오는 모양이다

문 여는 순간
소나무 심어진 축구공만한 눈덩이를
끙끙대며 안고 있는 게 아닌가
할머니 화초 좋아해서 심어 왔다고
사시사철 놀이터 지켜주던 조선소나무
난데없는 습격에 많이도 놀랐겠다

베란다 화분 받침대에 앉혀놓고 보니
솔향 폴폴 마음속까지 초록 물들어
동심의 세계로 퐁당 빠져버렸다

찢어지게 가난했던 어린 시절
청솔가지 아궁이에 넣고 눈물짓던 때가 떠오른다
온몸을 다 내주어
집 짓고 불 지피고 송홧가루 배고픔 달래주고
저승 가는 길 육신까지 담아 주던 소나무

몸의 기를 맑게 해주었던 웅장한 기품
한 치 흔들림 없이 꼿꼿한 선비정신
두 손녀가 소나무처럼 사시사철 푸름으로
꼿꼿하게 자라주길

손녀의 야외학습

작은 손녀
도시락 메고 고구마 캐러 간다고
할머니 기대하라던 야외학습 수요일

개나리 꽃물 든 고운 버스는
재잘대는 아이들과 고구마까지
안전하게 모셔다 주고
바람에 떠밀려 낙엽 몰고 가버렸다

다른 아이들
캔 고구마 가방에 들어 있다는데
욕심 많은 손녀
손에 검은 봉지 무겁게 들려 있다
올망졸망한 고구마
머리통만한 고구마
저것들을 세상 밖으로 끌어올리기까지
고사리 손은 젓 먹던 기운까지 다 쏟아냈을 것이고
웃음은 하늘에 닿았을 것이다

따끈따끈 쪄놓은 노란 호박고구마
폭신폭신 분가루 날리며 입맛 끌어당기고
새로 썰어놓은 배추김치는 할머니와 손녀처럼
어쩜 그리 궁합이 잘 맞는지

천사의 마음

손녀 고사리손에 작은 우유팩
보송보송 곱게 단장하고
저금통되어 활짝 웃고 있다

어려운 친구를 도와요
평화반의 약속
신발 정리하기 200원
방 청소하기 300원
장난감 정리하기 300원
부모님 안마해주기 200원
인사 잘하기 100원
아껴쓰기 100원
돈 모으기엔 항목도 많다

할머니 어깨 두어 번 주무르고
저금통에 밥 주라고 땡그랑 댕그랑 뎅그랑
벌써 3번째다
현관에 신발이 나란히 나란히
고사리손에 넘치는 걸레로 방 청소한다고 쪼르륵 쪼르륵
유리창에도 방바닥에도 실비가 촉촉
할머니 엉덩방아 찧어 울상인데도

저금통에 밥 주라고 땡그랑
손녀 작은 가슴에도 단비가 촉촉 내려
착한 마음 고운 마음 쑥쑥 자라
활짝 웃고 있다

감기

살아가면서 그의 유혹에
넘어가지 않는 사람 몇이나 될까
은근슬쩍 다가와 약한 사람 고통 주고

손녀가 그의 손아귀에 잡혀
열흘 넘게 병원에 입원했다
여린 손등에 주사 꽂고 링겔 달고
펄펄 끓어오르는 열을 참지 못해
가족들 애간장 까맣게 타들어 가고

커튼 사이엔 두 달도 채 안된 수정 눈의 예쁜 아가
콜록콜록 자지러지는 기침 소리에
어린 엄마 훌쩍거린다

눈물 한 방울 없는 저 악독한 자를
세상 밖으로 내쫒기 위해
의사와 간호사 심혈을 기울인다
약한 자를 괴롭히는 자
지구 밖으로 영원히 추방하자
피켓을 든다

환희

참으로 오랜만에 설레는 밤을 보냈다
어린 시절 운동회 전날
잠 설치던 그런 밤이었다

비는 주룩주룩 내린다
여러 날 망설이고 망설이다 맞춰 입은
고운 모시 치마 저고리
비님이 야속하다

서둘러 들어선 시낭송회장
가슴이 콩닥콩닥
진정하라고 딸이 준비해준 청심환 생각 굴뚝 같다
개성 살려 가슴 녹이는 낭송에 벌써 주눅
강심장 불러보지만 수많은 시선에 얼어붙는 긴장
타는 입술에 침 발라 낭송이 끝나고
박수갈채에 정신이 번쩍 든다

심사 순위를 발표한다
실망과 환호가 교차하는 순간
모든 눈길이 쏠려오고
금상 금상 홍춘녀 홍춘녀 그리고 박수 함성
그제야 내 이름이 들려온다

하늘 높은 줄 모르고 치솟는 금 금 금이란다

손녀의 맘속에도 집안 구석구석 화초에도
'빼저린 꿈에서만' 심어 놓은 시
황혼의 오솔길에 들꽃 하나 활짝 피어
웃음 터트린다

여 행

온종일 끌고 다닌 다리
편히 쉴 수 있는 1015호실
세계문화유적지로 지정된 아름다운 공간 속에
오랜만에
모녀가 가슴 맞대고 이국 정취에 빠져든다

익숙한 딸의 안마 솜씨는
곪은 종기 짜내듯 시원했고
내 손은 딸의 어깨로 옮아가
와~ 엄마 손은 약손이다
스트레칭 매일 하세요
수영장엔 꼭 나가세요
딸의 싫지 않은 잔소리 듣는다

여섯 공주 걸머진 어깨가 너무 버거워
숨 한번 고르지 못하고 살아온 삶
와인 한 잔 근사하게 마시고
꿈나라 찾아가자는 딸
부딪치는 붉은 액체 속에
힘들었던 지난날이 사르르 녹아내린다

금단의 문이 열리던 날

남아의 문이 닫힌 금단 39년
그 문을 박차고
우주를 뒤흔들며 찾아온 귀한 손자
이름도 귀하게 지어줘야 한다고
처음으로 찾아간 작명소
듬성듬성 머리에 하얀 세월 이고
돋보기만큼이나 연륜이 쌓인 노신사

부탁한 지 며칠 후
지어놓은 이름 앞에 무너지는 기대감
흔치 않고 품위 있고 운치 있는 이름과는
거리가 머언
광돈이 경돈이 경태 광태
돈 자 들어가는 건 돼지라고 놀림받고
태 자 들어가는 것은 동태라고 놀림받고
딸들 다시 지으라고 펄펄 뛰며 난리고
사위는 눈치만 보고

몇 백 개 중에서 고른 사주에 맞는 거라며
훌륭한 사람되어 이름 날리고
부자로 잘산다고 설득 또 설득으로, 최종
경태야! 경태, 소중하고 귀한 이름

빛날 경(炅)
별 태(台)

삶에 지쳐 힘들고 외로운 사람들
눈 마주쳐 토닥여 주고 반짝이는 별처럼 꿈 키워주는
찬란한 빛이 되어주길
경태(炅台)야!

꽃 웃음

낮과 밤이 바뀐 아가 얼굴에
고운 햇살 살짝 앉는다
낄낄낄 꽃 웃음 혼자 웃는다
아가만 아는 우스운 얘기
햇살에 들어 있나 보다
자면서도 살짝 날리는 꽃 웃음
꿈속 재미있는 얘기
천사가 들려주는 걸까
자꾸만 궁금해진다

현해탄을 오간 사랑

내 생애 이렇게 진한 사랑
해 본 적 있었던가
대책 없이 쏟아 부었던 사랑

그가 떠난 뒤
눈을 감아도 눈을 떠도
집안엔 온통 그의 얼굴이 어려
허전함과 보고픔 참을 수 없어
수화기를 든다

멀고 먼 현해탄 너머에서
꽃봉오리 화사하게 터추며
옹알옹알 옥구슬 굴리는
딸과 손자

봄이 오는 길목

똑똑, 봄이 노크하는 무심천 변
건강 낚시 나온 사람들
햇볕을 나누어 먹고 있습니다

함박웃음 터트리는 물살
잠에서 덜 깬 갈대는 봄바람이 흔들어 깨우고
검불 속 새싹은 쏘옥 깔깔

하늘을 마음껏 비행하는 새들은
햇볕을 분주히 날라다 줍니다

땀 뻘뻘 흘리며 잡아 올린 건강
좀 쉬어가자고 나무의자에 앉아
봄나물처럼 풋풋한 이야기
맛있게 나누어 먹고 있습니다

봄바람이 살짝 스치는 사이
멀리 제주에 있는 딸이 목소리를 안겨줍니다
냉이 쑥 달래 미나리 지천이라며
건강도 쑥쑥 자라고 있다는,
아! 새봄보다 더 상큼한 기쁜 소식에
합장하는 봄입니다

맞장

노을에 걸린 문학소녀가
시낭송대회에 도전해 보겠다고
방안 구석구석 베란다까지
시를 펄펄 날린다

어린이집 다니는 작은 손녀
살짝살짝 귀담아 들었던지
시를 줄줄 외우며
할머니와 맞장 뜨잔다

저 파릇파릇한 기억
나도 저런 시절이 있었던가

장 독

하얀 떡시루 고이 받친
정화수 한 사발에 달빛 가득
하늘 향해 두 팔 폈다 모았다
자식 위해 기도하는 어머니가 보인다

여물 솥뚜껑 위엔
가지런한 4남매 신발이 몸을 데워
교문 들어설 때까지 불지펴 주셨던 어머니
꽁꽁 언 손 가슴에 묻어
솜사탕처럼 사르르 녹여주던 사랑에
4남매 모나지 않게 장성했지만
이제 어이할까나 알아보지 못하니
눈 쌓인 장독 찾아가 정화수 떠놓고
밤새 빌어볼까

자주 찾아뵙지 못한 불효가
통한의 후회가 되어 가슴 절이는 날
눈은 하염없이 쌓이고 있었다

꿈을 세우며

지상에서 낙원으로 불리는 하와이
말로만 듣던 와이키키 해변에서
나 꿈처럼 서 있네

목화송이 포송포송 피어오른 하늘과
옥색 치마저고리 곱게 차려입은 바다가
두 손 꼬옥 맞잡고 펼치는 수평선
아름다워 아름다워 눈물난다
눈부셔 눈부셔 공중을 난다

훤칠한 야자수 바다를 감싸 안고
멋진 율동의 훌라춤
파도 가르며 서핑을 즐기는 사람들
파도가 하얗게 터뜨리는 함박웃음
곱디고운 화이트 비치에서
자유와 평화는 여기 다 모여 있었다

찬란한 파도가 아장아장 걸어와
발목 간질이며 달아나는 장난기
밤새도록 걷고 싶은 해변
자유와 행복이 춤춘다

어머니
—빗질

생신이란 이름 아래
백수 엄마 앞에 섰습니다
딸에게서 멀어진 기억들
반기던 눈물도 서걱서걱
갈라진 논배미처럼 되었습니다
부둥켜안고
서리 내린 머리 쓰다듬으며
눈물샘 터져 소낙비 됩니다

엄마, 어머니
목욕탕으로 갑니다
건드리기만 해도 으스러질 것 같은 곰삭은 삭정이 몸
마음대로 닦아 드릴 수도 없습니다
더운물만 끼얹어 달라고 눈짓입니다

폭신한 속옷과 화사한 겉옷의 치장에도
굳어버린 표정
엄마! 예쁘다 시원하시죠
대꾸가 없습니다
치미는 설움 돌덩이로 북받칩니다

빗겨드리는 머리 올
한 올마다 엄마의 손길이 솟아나 반지르르합니다
울음으로 미끄러집니다

어머니

—눈꽃 피운 생애

평생 한 영역만 지키고 사신 어머니
모두 버리고 떠나 사람 냄새 그리운
앞을 보면 허허로운 벌판이 침묵하고
뒤돌아보면 산바람 윙윙 나뭇가지 울어대는
적막강산 끌어안고 사신 어머니

어쩌다 자식의 집에 오시면
얼굴 보면 됐다고 이내 돌아가시며 촛불 밝혀주신
어머니, 엄니, 엄마를
요양원에 입원시켰습니다

등 따스고 말동무 있는 곳도 마다하시는
백수를 눈앞에 둔 세월은 기억마저 앗아갔지만
맏며느리로 호된 시부모 남편 시집살이
머리에 박힌 듯
큰아버지 할아버지 밥 차려 줘야 한다고
집에 데려다 달라고 떼쓰시는 세 살배기 어머니

애 삭이고 적응할 때까지 방문을 자제해 달라는 간병사
오늘도 떡과 과일만 들여놓고 돌아왔습니다
휠체어에 앉아 멍하니 TV 보는 어머니

백설 휘몰아치는 뒷모습만 보고 돌아왔습니다

황혼 역이 온통 눈꽃으로 피었습니다
한 생애가 눈물로 질 눈꽃으로 가득합니다

어머니
—능소화

올해도 능소화 곱게 피었습니다
친정집 대문 지붕 가득 덮고
절절한 그리움 옥상까지 기어올랐습니다
어쩌다 막내딸 간다는 소리 들으면
목 길게 빼고 기다리다
딸이 시야에 들어오면
손 흔들며 반기시던 어머니

그러던 능소화
생명에 빨간 불이 켜졌습니다
몇 년째 보이지 않는 주인 할머니 궁금타 못해
땅 속 파고 집안으로 몰래 들어가 손바닥만한
마당 들어올려 얼굴 살짝 내미는 순간
주인 아들과 딱 눈 마주쳤습니다
떨어지는 꽃잎 치우기도 귀찮고
베어 버려야겠다고 투덜투덜

어머니 병석에 눕기 전
떨어지는 저것들 곱게 쓸어모아
담 밑에 묻어 주었습니다

능소화 목을 베면 어머니 생명도 다할 것 같아
한사코 말리다가
어머니 끌어안고 통곡하고 말았습니다

어머니

—구십여덟 번째 생신날에

요양원 생활 어언 5개월
집에 가겠다고 보채시던 세 살배기 어머니
세월이 토닥여 주고 애 삭여 주어
처음 맞이하는 생신날
어머니 침대 위엔 생일 축하 플래카드
대문짝만하게 병실을 밝힌다

요양원 옆 식당
휠체어에 앉아 계신 어머니
반백의 자식들 물끄러미 바라보는 눈빛
어린애 같다
아흔여덟 개의 촛불이 케이크에서 춤추고
우린 잔을 높이 들고 백수를 위한 축배를 외쳤다

막내 동서가 맛난 거 찾아
안 먹겠다는 어머니 달래어 먹이는 동안
우린 모처럼 무거운 삶 내려놓고 환하게 웃었다
지척에 있으면서도 만나기 어렵지만
밝은 날 궂은 날엔 꼭 만나게 되는
세상을 밝혀주는 등불이다

어머니
—눈물샘

떠나려는 가을을
손이라도 한 번 잡아보려고
은행나무 가로수 길을 달립니다
갑자기 노란 눈이 마구 쏟아져
시야를 흐리게 합니다
차창 위로 내려앉고
정자 지붕 위에도 소복이 쌓여
금가루 뿌려 놓은 듯 눈부셨습니다

산골짜기 빨갛게 타들어 가는 단풍은
너무 뜨거워
멀리서 발만 동동 구르고
손 한 번 잡지 못했습니다

호숫가에 힘없이 서 있는 갈대를 붙잡고
기억조차 놓아버린 어머니 생각에
부어오른 눈
헤어짐과 만남의 공전 속에서
환희와 그리움을 먹는 눈물샘은
언제나 고여 있겠죠

아버지
—화려한 외출

참으로 오랜만에 집을 나선다
초록 물에 몸담고
마음은 둥둥 하늘을 난다

문학기행 가는 날
달리는 차창 밖 도로변엔
이팝나무 하얀 고봉밥이
철철 넘치도록 풍년 들고
굶주린 배 허겁지겁 채운 배설물
그 옆엔 애기똥풀
샛노란 똥을 많이도 싸 놓았네

아슬아슬 언덕배기
아카시아 꽃도 흐드러지게 풍년 들고
낮은 언덕 베고 누운 하얀 찔레꽃
그리움 소복소복 쌓아 눈물이 난다

풍성한 세상 등지고 가신 아버지
새록새록 가슴 저미도록
그립고 그리운 당신

아버지
—견우직녀의 사랑

유난히 화초를 좋아하셨던 아버지
마당가며 뜨락에 화초와 꽃이 만발하여
벌 나비 찾아와 쉬어가기도 했다

돌아가신 지 어언 10년
뜨락 밑까지 잡초만 무성히 자라
홀로 계신 어머니
방안 가득 침묵만 유령처럼 흐르고

소스라치게 반기는 얼굴
자주 찾아뵙지 못한 죄책감으로
고개 들 수 없다

숲으로 삼켜버린 길 헤치며 찾아간
아버지 무덤
봉분까지 발 디딜 틈조차 없이
가득 심어 놓은 망초꽃
시리도록 하얀 미소로 반기신다
키만큼 자란 망초꽃 끌어안고
외로움 달래셨을

지척에 두고도 만날 수 없는
아버지와 어머니의 애달픈 사랑

아버지

—고향을 만나다

추억과 낭만이 숨 쉰다는 산막이 길
세상은 온통 초록 물결 꽃물결이다

고향 앞 둑 뒷산에 피던
조팝꽃 아카시아꽃 눈부시도록 풍년 들었고
아버지 누워계신 언덕배기
올해도 어김없이
하얀 찔레꽃은 무더기로 그리움 절절히 토해낸다
부엌 앞 샘가에 소담스럽게 피던 불도화도
고향으로 어서 오라 손짓한다

오늘같이 비바람 몰아치는 날이면
자식 같은 논배미 젖줄 대주랴
이리 뛰고 저리 뛰고 비에 흠뻑 젖은 아버지

논에 푸른 물결 일고
황금물결 너울너울 춤추는 날엔
아버지의 안도하는 숨결이 자식들 배부르게 했었지
일찍도 엄마 곁을 떠난 아버지
원망도 했지만 그립고 그리운 당신의
환한 웃음이 고향의 꽃이었다

아버지
—아버지의 손을 본 날

마음 바람 타고 모두 나간
고요한 아파트 정원에서 해산을 기다리는 목련과 인사하고
마실길 나선 무심천변
흰 복면의 얼굴 붕붕 떠다닌다
섬뜩하다
임종 마친 아버지의 창백한 얼굴을
흰 천으로 덮으며 작별 인사할 때가 떠오른다
하얀 찔레꽃이 함께 울어주던 그날
5일장마다 눈깔사탕 손에 쥐여주시던 아버지는
그때 이미 화이트데이란 걸 아시고 계셨을까

산막이 둘레길을 휘휘 돌아 청정한 공기 가득 안고 온
까까머리 문학소년
비릿한 바닷내 가득한 게딱지 식당에서
사탕 한 묶음씩 시인들 가슴에 안겨줘 달콤한 사랑을 부풀게 하더니
이내 시상에 붉어지는 마음

멀리 아지랑이 속에서
진달래꽃 한 묶음 들고 손짓하는 아버지 환하다

아버지
—벌초

해마다 이맘때면
친정아버지 벌초하러 간다
시집 종산 이틀씩이나 꼬박 깎고도 다시 챙기는 남편
고맙고 미안하다
더위 피하려고 일찍 서둘렀다
일년 만에 찾아가는 길
많이도 변했다
논 가운데 신작로가 나 있고 건물도 하나 들어서 있다
잡풀이 키만큼이나 웃자라 긴가민가 두리번거리는데
멀찌감치 뒷짐지고 있던 노송
거기가 맞다고 일러준다
남편이 사정없이 휘두르는 제초기 칼날에
억센 잡초도 주저앉는다
여치 방아깨비 도망가느라 난리법석이다
갈퀴까지 한몫한다
아버지가 훤칠하게 웃으신다
자리 깔고 햇과일 떡 술을 올리고
헛기침 두어 번 산을 울린다

엊그제 칠순 맞이한 언니
평생 친정 엄마 백수까지 보듬느라
눈치코치 보며 힘들게 살아온 삶

이제 언니 좀 놓아 주라고
아버지가 엄마를 책임질 수 없느냐고
모진 말을 하고 돌아오는 길
죄인되어 하늘을 올려다볼 수 없다

사돈의 손길

택배요
지난 4월 제주도에서 결혼한 딸의 시가(媤家)
사돈댁에서 보내온 거다
상자 안은 바다가 가득하다
마트에 가면 비싸서 물어보기 일쑤였던
은갈치가 활짝 웃고 있다
먹고사리 말린 것 한 뭉치
산도 가득 들어 있다

고사리가 내 품에 오기까지
온 산을 누비고 다녔을
가쁜 숨 몰아쉬었을
안사돈의 정성에 가슴이 뭉클하다
말린 고사리 속에는 얼마나 많은
손길이 배어 있을까
곱게 길러 주어 고맙다고
딸처럼 보듬어 줄 테니 걱정 말라고
선한 눈빛 속에 딸의 착하고 소박한 마음까지
내 맘속에 환한 박꽃으로 피어
걱정 한 자락 멀리 날아가 버렸다

3

마음을 빗다

초승달 연정

핸드폰이 울려 퍼지는 늦은 저녁
"또 초승달? 왕언니 눈썹 같은~"
예쁜 시인이 보내온 문자메시지

저번에 초승달과 찐한 사랑 맺어
술 한 잔 준비하는 사이
총알같이 가버린 초승달 바람에
나누지 못한 술자리가 아쉬웠다는

공원에 나왔는데 날씨가 쌀쌀하다고
눈치 하나 잽싸게 낚아챈 나는
"어떤 안주로 준비할까요"
문자를 보냈더니
따끈한 두부찌개와 막걸리

평소에 마법 손을 가진 그녀와 단둘이
술 한 잔 나누며 감전되고 싶었는데
이게 웬 좋은 기회
"예, 준비하고 기다리겠습니다"
문자를 넣으려는 순간
먹통이 되어 버린 핸드폰
내 배만 채우고 밥 주는 것을 잊었더니

심통 부리는 게 아닌가
베란다 창 열고 사슴 목 되어
아무리 기웃거려도 보이지 않는 까만 세상

살다 보면 행운의 네잎 클로버 눈앞에 두고도
그냥 지나쳐 버리는 일 얼마나 많았던가

마음을 빗습니다

시의 꽃밭에서
아름다운 시향을 꽃피우는
딸 같은 시인이 있습니다

삶이 시들어지고 우울할 때
내 맘속 헤집고 들어와
어김없이 청량제를 놓아 주는
딸 같은 시인이 있습니다

오늘도 그랬습니다
진달래 꽃물 든 편지지에
첫사랑 고백받던 그날처럼
가슴 설레게 하는
자그마한 소포를 받았습니다
포장을 여는 순간 고운 한지 속엔
개나리꽃 물든 편지와
반달 모양으로 생긴
아니 달덩이 같은 박이 올려져 있는
초가지붕 닮은 머리빗이

매화꽃 봉오리 올망졸망 매달고
손바닥 안에 앙증맞게 안깁니다

"대추나무 빗이에요
마음 헝클어지고 시가 나오지 않을 때
곱게 빗어 보세요
가지런히 시가 나올 거예요
사랑해요"

가슴이 콩당콩당 울멍울멍

가지런히 머리를 빗어 내립니다
시 열매가 탐스럽게 열려
붉은 가슴 불태울 때까지
마음도 빗습니다

고향 친구
—추억

두 달마다 만나는 고향 친구들
조치원역 대합실 11시 40분
서둘러 집을 나선다
여느 때는 자주 다니던 버스가
왜 이리 더디 오는지
마음은 이미 대합실에 박혀 있다

오릿길 걸어 대전으로 통학하던
학창 시절이 고스란히 묻혀 있는 곳
정수야 정희야 채봉아 보고 싶다
강산이 다섯 번이나 변한 지금

마을 어귀 먼지 뽀얗게 날리던
어둠이 채 걷히지 않은 신작로를 누비며
통학하던 멋진 법대생 그 오빠는 어떻게 변했을까
칼바람 부는 날 맨손으로 나왔을 때
따뜻한 장갑 끼워주던 그리움이 살포시 피어난다

고향 친구
—만남

방방곡곡에서 기적 울리며 정차한 소꿉친구들
참새 떼처럼 재잘대는 조치원역 대합실
무릎 아파 절룩거리던 풍자가
천안의 어느 클리닉 병원에서 수술 잘하였다고 방방 뜬다
모두가 부러운 듯 인기 드라마보다 시청률 높다

인천에서 온 복남이는 해산한 산모처럼 얼굴이 부어있고
선머슴 같은 명자는 한쪽 눈 지긋이 감겨 봄볕에 졸음이
가득하다
여기저기 세월 오르기에 환자되어
푸르디푸른 고향에서 위로받고 싶은 것이다
토닥토닥 그리운 어머니 품속에 안기고 싶은 것이다

복숭아꽃 몸 달군 오솔길 따라
산딸기 한 줌에 찔레순 잘근잘근
추억을 찾으러 철새처럼 모여든 역 대합실이 뜨겁다

고향 친구

—회상의 터

보고팠던 얼굴들
주위 시선 아랑곳없이 터지는 수다
차 안에서도 무르익는다

차창 밖 눈길 닿는 곳마다
사정없이 풀어놓는 황홀한 꽃의 향연
복숭아꽃 소복소복 수줍음 토해내고
흰 면사포 같은 배꽃에 눈부셔 눈물 난다

소문 줄에 엮여온 사람들
배밭 안 식당이 들썩인다
예약이란 단어는 참 편리한 것
쉽게 방 한 칸 꿰차고 앉아
갈비의 요염한 유혹에 홀려 두어 잔 마신 술
얼굴마다 복숭아꽃 활짝 피어
가슴 속 담아 두었던 이야기
쉼 없이 피워 올린다

서너 시간의 만남을 위해
방방곡곡에서 철새처럼 모여들었다가
깃털 하나씩 남겨놓고 날아가는 회상의 터

목마른 호소

친구가 건네준 검은 봉지와 박스

봉지엔 흙내 고소한 땅콩에 노화 막는다는 서리태 우르르
입에 넣고 살짝 깨무니 연둣빛 이파리 곰실곰실
들뜨는 마음

박스엔 무엇이 들어 있을까, 끈을 푸는 순간
시루 안 콩나물처럼 감자 싹 뒤엉켜
헝클어진 숨결로 부활을 꿈꾸는 몸부림
지독한 생의 목마른 호소
화초처럼 가꾸어 보려고 요리조리 살펴보아도
모두 앓고 있다
몇 개 껍질을 벗기는데
싹난 건 독 있다는 딸의 잔소리
쓰레기통에 넣고 돌아서려니

숨 막히는 고통 속에서도 서로 긴장의 끈 놓지 말자고
훗날 아픔 한 자락 물고 대지의 허리 감아 출렁이자며
견디어 왔을 그 통한의 곡소리에
귀를 막고 엘리베이터 안으로 급히 몸을 숨겼다

옹이진 마음

아파트 뒤뜰
철 늦은 민들레꽃 한 송이
허공 한 자락 잡고
노란 물 힘겹게 토해낸다
어디서 날아왔을까 벌 한 마리
꽃순에 앉아 서로 위로하며
오돌오돌 떨고 있다

제철에 못 피운 꽃봉오리
구구절절 한이 맺혀 떠나지 못했는지
맺힌 한 있거들랑 모두 털어 놓고
따뜻한 곳 찾아가려무나

사랑하는 사람
옹이진 마음 풀어 주려다가
더 조여드는 매듭
마음과 정반대로 흘러만 가는
붙잡으려 안간힘 써보지만, 기력 없어
세월이 약이라는 유행가사에 맡기고
민들레 홀씨되어 허공을 날고 싶다

기다리는 사람들

큰딸 고 3때, 절에서 만난 친구
이젠 그도 나도 머리에 하얀 서리 내리고
얼굴엔 얼기설기 나이테 엮어
손자 손녀에게 매여 있는 할머니가 되어
일요일 가끔 만나는
영프라자 정문 앞,
젊은이 늙은이 누구나 인연 줄 놓아 주고
오늘도 북적댄다
모두가 곱게 단장한 귀부인처럼
패션쇼 따로 볼 필요 없이 눈요기 풍요롭다
늘 만나던 그 자리
음악에 취하고
와인에 취하고
가슴 속 응어리 토해내며 하루를 즐긴다
쉬고 싶을 때 언제라도 쉬어갈 수 있는 기다림으로
오래도록 머물고 싶다

효도

화초를 많이 길러본 사람은 안다
빼어난 미모를 자랑하는 화초일수록
제 몸치장하느라고 꽃 피우지 못한다는 것을

부실하고 볼품없는 난초 화분 하나
뒷전에서 숨 한번 고르지 못하더니
어느 날 갑자기 꽃대 쏘옥 올려놓고
노오란 꽃송이 여섯 개나 활짝 피워
향기를 마구 뿜어댄다

키만 웃자라 깡마르고 못생긴 부겐베리아
가지 끝마다 아슬아슬 꽃피워
진분홍 향기를 토해낸다
관심 밖으로 밀려나 큰 소리 한번 못 치고
차별받아 온 설움이 꽃송이마다 알알이 맺혀
눈물겹도록 가슴 저린다

수영장에서 만난 친구
허리띠 졸라매며 훌륭하게 키운 박사 아들
똑똑한 며느리 만나 넓은 세상으로 간다며 외국으로 떠난 뒤
2년 되도록 얼굴도 못 본다고 긴 한숨

아들 그늘에 묻혀 제대로 배우지도 못한 딸
착한 사위 만나 알뜰살뜰 보듬어 주고
수영장에도 등 떠밀려 나온다고
화초건 사람이건
부족하고 못 생길수록 효도를 한다는

못난 게 아니라
부족한 게 아니라
가장 아름다운 삶

조강지처가 그립다

내 고향 조치원
복숭아 많기로 유명했었지

봄이면 산비탈까지 발그레 꽃물 들어
십 리 먼 학교 길
딸랑거리던 책보
꽃가마 타고 둥둥 꿈을 키웠었지

수많은 세월 휘돌고 휘돌아
소박한 사람들 황금에 솔깃하여
든든한 조강지처 흔적 없이 파내더니
장독 뒤에나 맴돌던 배나무
돈줄로 꼬드겨 안방에 앉혀 놓고
처음엔 알콩달콩 꿀맛나게 좋았겠다

동네 사람 모이면 수군수군
복덩어리 조강지처 호적에서 파낸 걸
뼈저리게 후회한다고

봄이면 붉은 가슴 콩닥거리게 하던
도화(桃花) 사라지고
온 천지 하얗도록 얼구는
이화(梨花)만 울고 있다

관음송

청령포엔
오늘도 발자국 닿는 곳마다
서러움 겹겹 쌓여 가슴 에이는데
노산대 오르내리며 뿌렸을
그 많은 눈물 강되어
말없이 물결만 잔잔히 일렁인다

외로움과 그리움
절절히 토해냈던 사연들
차곡차곡 쌓여 이룬 돌탑
가슴을 뭉클하게 한다

단종의 한 서린 짧은 생애
묵묵히 지켜보며 가슴 태웠던 관음송
아직도 어가를 향해
충성을 다하고 있다

새싹당

투표 안 하셨죠?
새싹당에 한 표 찍어주실 분
산으로 가시죠
10시 출발 답 주세요
기호 0번 새싹.

문자를 받고 보니 호기심이 생긴다
목련당으로 한번 출마해 볼까
화려한 경력을 내세워
한판 붙어 볼까나
요행이 맞아 떨어져 당선되면
팔자가 핀다던데

경치가 아름답고 대청호가 훤히 내려다보이는
정치 1번지로 먼저 가서
등산객 상대로 유세를 펼쳐 볼까
두 주먹 불끈 쥐고 양성산에 오르면서
유세 한마디 못하고
진달래 귀신에 홀려 시간 시간만 따라다니다
겨우 풀려나 놀란 가슴
어머니 품속 같은 청국장에 안긴다

육거리 시장에서

김장 마늘 사러 육거리 시장엘 갔다
요리조리 살피다
시장 안쪽 도매상으로 쭈욱 가려는데
사거리 복판에 리어커 마늘장사
야무진 문의(文義) 마늘 2만 4천원
발길을 잡는다
제철엔 4만원 족히 했을 몸값
고추의 금값에 눌려 하락한 신세

휠체어에 앉은 화장 곱게 한 아주머니
보디가드인 듯 아저씨와 두 접을 사가고
사십대 후반 두 아주머니 다가서며
다른 데서 2만 3천원 달라는데
사장님 인상이 좋아 천원 더 주고 사간단다
마늘장사 깜짝 놀라며
리어커 끄는 주제에 무슨 사장
말도 안돼 손사래질이다
아주머니 한술 더 떠
개인사업하시잖아요
얼굴에 복숭아꽃 활짝 피었다

4

가슴 갈피에 품었다가

늙으면 서럽다

참으로 오랜만에 집 단장 길 나섰다
꼭꼭 숨어 있던 세간들
너도나도 튀어나와 눈치만 본다
저것들 반 이상은 떠나보내야 할 텐데
결정을 못 내리고 망설이는데
냉정한 딸은 가차 없이 내친다

제일 덩치 큰 농에 화살이 꽂힌다
오랜 세월 손때 묻고 정들었는데
포송포송 목화솜 다독여 포근히 잠자리 봐주고
사시사철 옷가지들 가지런히 놓았다가
때맞춰 꺼내주던 다정한 손길
보내야 하는 아쉬움

쓰레기장 옆에 내놓고 관리실에 신고하니
2만 5천 원 스티커 붙여야 데려간단다
저승길 노자인가
늙어 보잘것없다고 엄동설한에 내쫓는
주인을 얼마나 원망할까
아침마당에 독거노인들의 눈물겨운 이야기가
자꾸만 머릿속을 맴돌아
마음이 착잡하다

어느 봄날

봄볕이 소복소복 쏟아지던 날
학교 자모 일에 열성인 수연 엄마
영산홍보다 더 곱게 차려입고 교실에 와서
십자매 한 쌍 창가에 걸어 주었다

그날 오전 수업은
십자매 서커스 묘기에
초롱 눈들 온통 새장 속으로 몰려가고
들뜬 아이들 마음잡으려는 선생님
무던히도 애를 쓰셨겠다

시간은 도시락 속으로 흘러들어가
달그락달그락 밥알이 소근대고
수연이 반찬통엔 쇠고기 장조림 조려지고
십자매 날갯짓에 바람은 졸여지고
수연이 마음은 두근두근

포도

여름 내내
뙤약볕 한 사발 들이키더니
살랑거리는 바람을 꼬드겼는지

달빛 쏟아지는 언덕배기에서
어느 별님과 정을 통했는지

올망졸망 자식새끼 많이도 낳았구나
그 산고의 고통 얼마나 큰지
나는 잘 알지

앞집 젊은 새댁도 창규 하나만 낳았고
지영이네도 딸 둘만 두고도
많이 낳아 힘들다고 투덜대는 세상
앞으론 넘쳐나는 노인 부양에
젊은이들 어깨 휘어지겠다
포도가 큰 애국을 한다

입맛 따라

장대비 세차게 쏟아지는 날
입맛 따라 어디든 가는 맘이 통한 사람들
넓은 홀 안에 박혀 북적인다

주문한 송어회 다문다문하다
발가벗고 부끄러운 듯 몸을 웅크린 채
하얀 접시가 파르르 떨린다
엄마의 텃밭이 고스란히 올라오고
큰 대접에 야채 듬뿍 넣고
마늘향 톡 쏘는 겨자와 초고추장 넣어
요리조리 버무리면 훌륭한 수채화 그려 놓는다
요동 치는 창자
반주 한 잔까지
이 순간만은 부러울 게 없다

살다가 저며내고 발라내고 남은 뼈까지도
매운탕으로 들어가 폭풍에 화석을 새겨 넣고
국물까지 우려내줘 극찬을 듣지만
남는 건 앙상한 뼈뿐
줄기차게 쏟아지는 빗속을
어머니가 걸어오신다

첫사랑

봄볕이 곱게 쏟아지던 날
고운 사람들과 찾아간 미동산
여린 잎사귀마다 푸른 꿈이 퐁퐁
티 없이 자라나는 아이의 고운 눈빛이다
개나리 무리지어 재잘대고
언덕에 줄지어 선 명자 언니들
예쁜 보조개 홍당무되어 콩당콩당
어느 고운 님의 첫사랑 얘기에 흠뻑 빠져
아련한 추억 한 자락 울컥 목에 걸려 되살아난다

학교 졸업 후 취직되어 집에 다녀가던 날
초록 코트에 하얀 모자 쓰고
다복다복 쌓이는 눈 속으로 들어가
초록 꿈꾸며 열차를 기다렸지
기차가 이어준 인연으로 선한 눈을 가진 남자 만나
역 앞 다방에서 커피잔에 눈도장 찍었지
숱한 날 분홍빛 편지지에 사랑 담아
눈 비 맞으며 낮이나 밤이나 기다리겠다는
'나룻배와 행인'의 싯귀로 불같이 다가오는 사랑을
미처 소화하지 못해 두려움으로 변했던 첫사랑

누가 말했던가

첫사랑은 이루어지기보다는
가슴 갈피에 품었다가
지치고 바람 불고 외로울 때
조금씩 꺼내보는 거라고

그때, 그 겨울밤

눈 내리는
고즈넉한 겨울밤
소년이 외쳐댑니다
찹쌀떡 사려! 찹싸~ 알 떡
소년의 고단한 삶이 눈 속에 묻혀
허우적거립니다

긴긴 밤
허기진 배는
잠을 이루지 못하고 뒤척이는데
말캉 달콤한 찹쌀떡 눈앞에 어려
침만 꿀꺽 삼킵니다

뒤꼍으로 향하는 무 구덩이엔
달빛이 하얗게 부서집니다

사랑의 향기

동백꽃 미소로 엮은
울타리 안 보금자리
공원으로 둘러싸인
천사의 집이다

안방에도
서재에도
거실에도
딸과 사위의 결혼사진이
활짝 핀 꽃송이가 되어
행복의 향기 폴폴
코끝을 취하게 한다

언제까지나 언제까지나
그 향기 영원하여라

시낭송

끙끙 부스럭부스럭
손자 옹알이 새벽잠 깨운다
이불 다 걷어차 버리고 두 다리 흔들다가
두 팔 만세 부르다가
눈웃음 살짝살짝 옹알옹알
천장까지 옥구슬 대롱대롱
멋진 시낭송 들려주는데
할머니는 통 알아들을 수 없어서
그려 그려
잘 잤다고
기분이 좋다고
눈 맞추며 장단 맞춰주니 더 크게 옹알옹알
가족 모두 일어나 신기한 듯 손자에게 빠져들고
환타지아 천리향꽃도 금붕어와 시낭송 경청한다

정암사

온통 붉게 타오르는
정암사 뒤뜰 돌담 위 바위 한쪽
움푹 파인 한 줌 흙에
아슬아슬 집 짓고 사는 이름 모를 들꽃
해맑간 미소가 아려와 오도 가도 못하게 시선을 붙잡는데
여린 유마보살 카메라에 담느라 요리조리 셔터 누른다

몸이 허약해 공기 맑은 산사에 들어와
젊음 묻고 들꽃처럼 사는 한 생 하얗게 사위어
무심으로 바람처럼 살겠다는 유마보살에게서
후루루 지는 낙엽의 신음 듣는다

바람에 실려온 목탁 소리
부처님 앞에 합장하고
소원의 나무 구덩이 파 꾹꾹 심고 가라는
간절하면 모두 이루어진다는
동성 스님의 말씀이 귓가에 생생히 맴도는 날

화초

베란다 작은 정원에
사시사철 예쁜 꽃 피워내는 화초 한 그루
튼실한 줄기가 천장 닿을 듯해
싹둑 잘라 친구에게 보냈더니
두 달이 지났는데도 꽃 한 송이 피우지 않는다

딸한테서 전화가 걸려왔다
직장에서 오륙 년 다닌 언니가 잘렸다고
모두 사표를 낼 생각이라고
딸의 흥분된 목소리에
가슴 한쪽 찔리는 양심 한 자락

살 에이는 눈보라에도
주인 위해 꽃 피워주는 화초 몇이나 될까
이름조차 몰라도 그냥 사시사철 피는 꽃

화초에도 감정 있다는 것을
이제야 깨닫고
토라진 마음 어떻게 달래야 할지
급히 서점 문 열고 들어선다

가을엔

가을은 텅 빈 가슴에
외로움 심어 놓고
어디론가 훨훨 떠나라 한다

외진 언덕
들국화 갈대 하얗게 손짓하는
어디론가 훌훌 떠나라 한다

아무도 찾지 않는
폐허된 시골 역
마냥 기다리고 있는 코스모스와
친구가 되어 주라 한다

바다가 훤히 내다보이는 창가에서
하얗게 부서지는 파도 소리를
들어보라 한다

가슴은 일탈을 꿈꾸는데
무겁게 잡아끄는 그에게 잡혀
주저앉고 마는

언제쯤 나는 자유로운
새가 될 수 있을까

5
목련꽃

봄이 오는 길목

햇살 곱게 번지던 날
무심천 둑길 밟으며 물 따라갑니다

기온은 싸늘하지만
물가 흙은 부드럽게 녹아
봄이 머지않았다고 알려줍니다

버드나무 가지도 연해져 있고
생명을 다한 것 같았던 풀들도
둑 위에 다소곳이 모여앉아
햇볕 쬐며 봄을 기다립니다
두루미 한 쌍 물가로 내려앉아
사랑을 속삭이며 봄을 기다립니다

아직은 추위가
한겨울보다 매섭게 느껴지는 건
세상 움트는 생명의 마지막
통증이겠지요

은빛 머리칼 날리는 갈대
힘없이 고개 떨구고 있습니다
그리움 한 조각 빈 가슴 헤집네요

어머니의 핏기 없는 얼굴이
물살에 여울져 흩어집니다

아, 어머니

봄동

봄 따라 연둣빛 물살 일렁이는 수영장
누구인가 봄맞이 싱싱한 봄동을 칭찬한다
눈앞에 여린 싹을 세우고
그를 만나러 육거리 재래시장엘 갔다
도로변 공중전화기 졸고 있는 그 앞
전세라도 낸 듯 후덕하게 생긴 아주머니
까맣게 그을린 얼굴로
봄동 미나리 부추 달래 쑥갓 씀바귀
몽땅 봄을 풀어놓고 있다
겨우내 움츠린 것들 옹기종기 모여앉아
눈치보기 여념 없다

겨우내 땅에 딱 엎드려 혹독한 추위 이겨낸 봄동
겉대 속대 할 것 없이 푸른 빛
옆으로만 퍼져나가 행색은 초라하지만
식이섬유 풍부하여 답답한 가슴 풀어주고
겨우내 가라앉은 입맛 돋워
나른함도 잠재워 준다는
봄동
입 안에서 봄이 뛰고 있다

쑥국

봄바람 일어나는 날
시골 밭둑 양지쪽에 여린 쑥의 눈짓
한 움큼 뜯어 왔다

콩가루 살살 분 발라
엷은 장국 끓여 어린 손녀 앞에 놓아주니
낯선 맛에 혀를 내두르고 밀어낸다

몸에 좋아 예뻐진다고
딸과 손녀가 실랑이하는 사이
쑥 향기는 온 집안을
휘젓고 날아 봄기운에 몸을 달군다

무심천 벚꽃

꽃 시샘하는 삼월의 한파
뒷걸음쳐 물러가고
가분가분 걸어온 햇살
노랗게 삐악거린다

무심천변 벚꽃 분주하다
개나리 앞세우고
손님맞이 단장에 눈코 뜰 새 없다
손끝이 패이도록 연등 피어 올려
축 늘어진 어깨에 희망 하나 달아주고
겨우내 웅크렸던 아이들
행복 하나 달아주고
휘어지는 물소리 묻는다고
오르락내리락 숨소리도 지친다

목련

인고의 시간은 길고 길었다
등 하나 밝혀주는 이 없이
추위와 모진 바람 헤쳐온
세월을 돌아본다

청자빛 하늘 이고 우아한 자태로
선망의 찬사를 받기까지
피나는 노력과 고통이었다

미소 뒤에 슬픔을 감춰야 한다는 것이
더 아팠다
돌아보기 전에 꽃잎 하나 툭 떨어진다
머물다 가는 세상, 잠깐이런가
만나면 떠나야 한다고
그날을 생각하지 않은 것은 아니지만
이렇게 눈짓 하나에도 흔들려 돌아서는 모습은
초라하고 안타깝다
사랑이란 이름의 애절한 사연을 간직한 채
숨져가는 한 서린 여인
가슴이 아려온다

노을에 걸린 나이

마지막 가는 그리움의 길엔
색 바랜 목련꽃잎 모두 접어 날리고
고운 모습만 보여주고 싶다

앵초꽃

여린 햇살 쏟아지는 이른 봄날
법당 뜨락 앵초꽃 하도 어여뻐
앞산 낮은 골짜기 가시덩굴 헤치며
졸졸 물소리 안내로 만나러 갔었지
오롯이 하늘 이고 홍자색 꽃피운 앵초꽃
눈부셔 반해 버렸네
티 없이 맑은 아가의 모습
풍륜초라고도 부르는 산 속의 여왕
바람 따라 돌 때마다 피고 지는 꽃향기
벌 나비 찾아들어
외로움 달래 줬으면 좋겠네

민들레

손녀 손잡고
들꽃 가득한 아파트 화단에
눈길 주며 인사한다

지천한 민들레
낮춤이 미덕이라고 참고 참아온 설움덩이가
폭발했나 보다
머리를 산발하고 부끄러운 줄도 모르고
여기저기 봇물 터지듯 아우성이다
훨훨 멀리멀리
바람은 제풀에 신이나 춤판을 펼친다

쥘 줄만 알고 놓지 못하는 삶
지난 삶을 불러 모아
민들레 홀씨되어 날 듯
가진 것 털어내고
낮은 곳에 눈길 주며
황혼 길을 아름답게 수놓는다
손녀 손을 잡고

벤자민 큰 집으로 이사하다

아파트 뒤뜰 담 아래 버려진
키가 훤칠한 화분 하나
눈에 번쩍 띄어 집안으로 모셔와
목욕시켜 베란다에 내놓으니
넉넉한 집 한 채 빛이 난다

4년 전 화초 좋아한다고 사위가 데려온
앙증맞은 벤자민이 심겨 있는 화분 하나
세월 따라 몸집도 불어났건만
이제야 큰 집으로 이사시키려 하니
얽히고설켜 꼬여 든 다리
세상 밖으로 나오기 어려워 멍투성이다

끊임없이 정화시켜 주고
눈을 맑게 씻어주는 것만 받을 줄 알았지
온몸이 조여들어 뼈를 깎는 신음
왜 듣지 못했을까
잘 참아준 너에게 속죄하는 마음으로 정성 담아
큰 집으로 이사시켜 놓으니
잎새마다 터뜨리는 함박웃음

나도 이제 머지않아

황혼 역에 도착하기 전
옹졸한 마음 밖으로 눈 돌려
보이지 않는 곳 내 손길 필요로 하는 곳 찾아다니며
아름다운 사랑 나누어 주고 싶다

난초

동백꽃
허무하게 떠나고 난 뒤
슬픔에 잠겨 있던
난초들
모락모락 꽃피워
날개를 단다
사뿐사뿐 휘도는
나비가 되어
온 집안 휘저어
날아다닌다
밤 이슥하도록
여기저기 벽마다
꽃을 단다

공작선인장

천상의 천사가
사뿐히 내려와 앉았는가
발그레한 볼에
노란 꽃술의 고운 미소

바라보기도 아까운 너
하룻밤 겨우 머물고
세상 어지럽고 험악해서
가려 하는가

짧은 만남과 이별
긴 여운
가슴 멍들게 하고
고개 숙인 고운 여인

감꽃

눈에 넣어도 아프지 않을
귀여운 두 손녀
어린이집 노오란 차에
태워 보내고
바라본 내 세상

아파트 뒤뜰 감나무 한 그루에
어린 시절 아련하다

비바람 세차게 불 때
우수수 떨어진 감꽃
대청마루에 쪼르르 앉아
엄마 반짇고리 대바늘에
무명실 길게 꿰어
언니 목걸이
동생 목걸이
누구 목걸이가 제일 길까
그 안에 내가 있었다

난꽃을 보며

베란다 텃밭에 난초 꽃대 하나
쏘옥 올라와
은구슬 치장하고
수줍어 입 꼬옥 다물었네

가끔 화가 머리끝에서
요동 칠 때도
어디론가 훨훨
날고 싶을 때도
눈물이 두 뺨을 타고
내려올 때도
포근히 감싸주던 너

나를 기쁘게 하는구나

백 합

이른 봄 꽃집 앞 지나다가
여린 알몸 몹시 추워 보여
입양하여 키운 백합

새하얀 면사포 속
탐스러운 꽃송이
차마 때 묻을까 봐
바라볼 수가 없다
하얀 꽃잎 속 보송보송 솜털
갓 태어난 손녀의 천사 같은 얼굴이어라

황금색 꽃술로 집안 가득 품어내는 향기
벌 나비 창살로 막아 놓고
나만 사랑하라 강요하는
멍든 사랑

연등

햇살을 토해내는 말복날
초록 물에 발 담그려고 찾아간 작은 연못
새끼물고기
아빠 엄마 보호 아래 신나게 노닐고
꼬리 물살 따라
아기 연꽃도
천진한 미소 하늘 가득 날려보낸다

물고기는 물고기끼리 어울리고
연꽃은 연꽃끼리 운명의 인연 뒤엉켜
진흙탕에서도 청정한 자태
은은한 향기로

중생의 백팔번뇌 포근히 감싸주며
뙤약볕에도 눈을 밝혀주는
연등

가을

1.
가을엔 세상사 접어두고
발길 닿는 대로 떠나고 싶다
대오 진 코스모스 수다가 정겹고
무리무리 피어난 들꽃이 안겨드는
오솔길 따라 아무 생각 없이 떠나고 싶다

외로움 하나 배낭에 넣고 바람 냄새 즐기며
어디든지 떠나고 싶다

가며 가며 스치는 사람 만나면
주절이 지난날 쏟아놓고 위로받고 싶다
귀밑머리로 앉는 하얀 세월
꽃피우고 싶다

2.
바람이 몰고 온 가을
목화송이 피어오른 하늘이
보송보송하다

여름내 울안에서 맴돌던 고리들
모두가 직장으로 학교로 썰물처럼 빠져나가고

고요로이 찾아든 적막
왁자지껄했던 아이들 놀이터에도
햇살만 가득 기웃거린다

오늘따라 빈 껍질처럼 허전한 가슴
눈이 시려 누군가와 마주앉아
마음속 응어리를 찻잔에 띄워 도란도란
마시고 싶다
토닥토닥 감싸이는 품에 안기고 싶다
그런 사람 몹시도 그립다
여유 없이 살아온 탓일까

옛날 생각나고 사람 냄새 그리워지는 건
단풍으로 물들어 가고 있는
나이 탓일까
가을 탓일까

갈대

무심천 하상도로 옆 갈대들은
모두 같은 방향으로 고개 숙이고 있다
온정이 그리워 달리는 차를 향해
긴 목 늘어뜨리고 고개만 떨구고 있다

가진 것 다 내주고
핏기없는 저 흰머리
찌든 가난에 등줄기 곧추세워도
새우등 되어 일어섰다 쓰러졌다
빈 가슴만 서걱인다

마지막 남은 기억마저도 허공에
날려 보내고
차마 에미 없이 기른 손자 못 미더워
끝내 떠나지 못하는 목숨 하나
저당 잡히기라도 한 듯
훑고 지나가는 바람에 베인
가슴이 아프다

낙엽

1.
파사삭
그리움 불붙는 소리
제 몸 부수어 자기를 버리는
숭고한 사랑

바람 같은 심한 열병에
자지러드는 산 들
가슴마다 타오르는 시심의 소리
곱게 물드는 갈색이
온 산에 흐르고 있다

2.
벤치 위 틈 사이로 빨간 단풍잎 하나
얼룩처럼 박혀 있다
바람이 동행하려 하지만
뿌리째 박혔는지 꼼짝도 못한다

갈바람은 더 세찬 발길질로
가슴에 물드는 붉은 시를 밀어낸다

바람길

서리꽃 핀 길로 바람이 지나다가
수북 쌓인 낙엽 잡고
휘익 끌고 간다
어디론가

땅에 닿을 듯 등 굽은 할머니
낡은 가방 하나 삶에 무게인가
유난히 긴 팔이 허우적
땅을 끌고 간다
어디론가

바람, 볼기 빨갛게 언 바람
살며시 안아주고 싶다
사랑이 그리울 거야
구석구석 외롭고 배고픈 사람에겐
살 냄새가 따뜻하겠지

까치집

다복했다 젊은 날엔
오순도순 웃음꽃 만발하더니만
뿔뿔이 다 떠나고
하늘가 덩그런 빈 집 한 채
바람 소리 윙윙 가슴 허비는 날

아침 뜰안
전화벨처럼 퍼지는 까치 소리
되뇐다 그 울림을
꺅꺅 꺅꺅 꺅꺅
햇살 넘치도록 담은 둥지
기다리는 반가운 님
들어오실까

첫눈

조그마한 서민 아파트
강산이 열 번은 변하도록
치장 한번 못하고 살다가
큰 맘 먹고 분 바르고 연지 찍고
몇 날을 곱게 단장하고 나던 날

목화송이 같은 눈꽃송이를 하늘 가득 안고 와
가난한 사람 마음을 부자로 만들어 주고
가슴 부풀게 했지

토끼 같은 아이들 밖으로 뛰쳐나와
탄성 지르며 만드는 눈사람
머리엔 하얀 눈꽃송이 받쳐 이고
참새 떼처럼 재잘재잘
냉기만 돌던 가슴마다
따사로운 봄볕 찾아들었지

나도 저렇게
펑펑 쏟아지는 눈발 속에서
아이가 되고 싶어

나도 저렇게

눈사람 만들며 까르륵 웃어대는
동심 속으로 돌아가 마구 뛰놀고 싶어

어디를 헤매다
하얗게 늙어서 돌아오는
눈발 속에

동백의 발 자리

베란다로 들어서는 햇살
저리 곱게 빛나는데
꽉 다문 붉은 입술
참으로 여러 날 열려 하지 않아
애간장 태운다
3년 전
제주공항 들어오는 길목
초라하게 서 있는 너를 데려다
애지중지 곱게 길렀지만
끝내
마음 한 번 열어주지 않고
스스로 목을 매
가슴에 대못 하나 박는구나

영산홍 제라늄 수선화 천리향까지
온통 슬픔에 젖어 허리 펴지 못하는
못하는
발 자리가 붉다

채석강

갈바람 십 년 묵은 체증 시원스레 뚫어주고
파도가 찌든 머릿속 시원스레 헹구어 낸다

바닷물 살짝 고여 있는 곳
아기 물고기 집게 다슬기 소라
옹기종기 모여 소꿉장난
따사로운 햇살이 지켜준다

차곡차곡 쌓여 놓은 수만 권의 책들
그 속엔
남녀의 애틋한 사랑 얘기며
삶에 지친 사람들 눈물겨운 이야기
고운 시인들 마음꽃 이야기
세월 한 짐 짊어지고 온 노부부의 추억 이야기
밤새워 읽어도 피로하지 않을
불로초가 새겨 있는 책들

동행한 고운 님들
아름다운 추억 담아 주겠다고
카메라 초점 맞추는 사이
갈바람과 파도가 살짝 팔짱을 낀다

파릇한 시절 추억이 있었고
노을에 걸린 나이에 담기는 그리움은
얼마나 오래 기억할 수 있을까

기도

칠현산 병풍삼아 포근히 안긴 칠장사
가을 햇살 곱게 물들어 가고 있다

암행어사 박문수가 과거시험 전날
나한전에 기도드린 후 장원급제했다 하여
입시철엔 부모님 기도가 하늘을 찌른다

내가 목마를 때 오아시스 같은 친구
고시 준비에 서른 중반을 훌쩍 넘긴 아들 위해
오늘도 장승처럼 못 박힌 저 간절한 기도는
촛불되어 타들어 가고 있다

언제쯤 성취한 감동이 내 친구를
해방시킬 수 있을까
어느새 나도 친구 마음속에 단풍 들어
내 가족의 기도는 뒷전으로 물러앉는다

마음을 닦다

초파일 3일 전
법당 옆에 자리 깔고
불기를 닦기 시작한다

참 편한 세상
연탄재나 기왓장 가루 대신
세제를 천에 발라 아시 닦고
신문지로 이듬 닦고
옥양목으로 번뇌 씻어 내며
업장도 같이 닦는다

반짝반짝 빛나는 놋그릇
눈부시다
부처님 미소 세상 불 밝히고
스님의 염불 소리
맑은 풍경 소리
하늘까지 닿아
마음도 하늘을 난다

손길 마음길 바쁜 절은
부처님 맞을 준비로 분주하다

사시사철 목련꽃을 피운다

–술래가 찾지 못한 이름

증 재 록
(시인, 한국문인협회 홍보위원)

1. 나 찾기

눈뜨면 숫자를 바라본다. 사방 벽면에서 자기를 잡아달라고 온몸 흔들고 있는 숫자. 달력이며 시계가 새까만 동공을 반짝이며 쳐다보지만 잡지 못한다. 아니 보이질 않는다.

오늘도 술래잡기로 눈을 뜬다. 그것은 아직도 잡지 못한 그리움이 있기 때문이다. 지켜야 하고 찾아야 하는 의무와 긴장과 기대가 동동거린다.

오늘을 살아가면서 점점 잊고 사는 고향, 연륜이 더할수록 그리워지는 동심, 그리움을 찾아간다. 엄마와 친구와 이웃 그리고 사라져가는 공동체의 정을 복원한다.

향수는 푸근하다. 잘살고 못사는 정이 어울린다. 폭풍 설한에는 더 깊이 그 자리를 지켜주는 인정이 있다. 시인의 집에 들어가 있는 시는 한 세대의 서사다.

체면을 중시하던 세대, 들어냄으로써 가벼워지고 벗어냄으로 시원해지는 그리고 그 빈자리마다 조금씩 채워지는 행복의 충만, "꼭꼭 숨어라, 머리카락 보일라," 그렇게 숨어서

드러내지 못했던 나날 그 성상을 술래가 되어 찾는다. 해는 뉘엿뉘엿 지는데 어디에 숨어 있니? 그대로 돌아서기엔 너무 여린 심중, 이제 그만 자리 박차고 나와서 함께 가길 간구한다. 머리카락 보였다. 어서 나와라!

해거름 길은 더 길다. 꼬불꼬불한 길도 쭈욱 일자로 편다. 산그늘은 서서히 다가와 몸을 묻는다. 빛어지는 자신의 그림자에서 몸과 마음이 틈새 없이 하나로 겹쳐져 편안하다. 기뻤던 일은 보람의 열매를 따게 하고, 슬펐던 일은 더 성숙한 열매를 맺게 한다.

바라보기만 해도 감각으로 느끼며 생각으로 맺는 열매, 단단하기보다는 부드럽게 열리길 바란다.

2. 시의 길을 간다

시는 마음과 발의 길 사이에서 서성댄다. 그 길목에서 서정의 언어가 치열하게 피어오를 때 시향이 퍼져 나가고 정겹다. 시인의 시에는 고난과 역경을 헤쳐나가는 인내와 노력이 있다. 궁핍한 시대에 태어나서 그 세월을 그대로 품어 안고 가정과 사회에 자신을 상실시키면서 살아온 노력이 부끄럽지 않다.

다시 되돌아봐도 오염시키지 않은 과거가 소중하고 떳떳하다. 과거는 미래의 지표를 제시한다. 시인의 자취는 내일을 보여주고 있다. 시인이 조우하는 시의 질료는 가족과 가정에서 느낀 마음의 영역이다. 일상의 모정이 흐르고 있어 푸근하고 서정의 공간이 편안하다. 시라는 힘에 이끌려 시의 길을 찾아간다.

거울 속 낯선 얼굴
하염없이 돋아나는 세월의 은빛 이삭

한 올 한 올 뉘여 덧칠하고
화장 곱게 하지만
선명하게 드러나는 삶의 훈장

계단을 내릴 때마다 거북해지는 무릎
녹슬어 아둔해진 머리
식은 방고래 같은 무덤덤한 가슴
무엇으로 처방해야 하나

동지섣달 깊은 골목
하얗게 서성이는 시린 바람 소리
어디선가 슬픔이 날아와
가슴에 콕 박힌다

"새댁 피부 곱기도 하지"
아직 귓가에 생생하게 맴도는데

—〈거울 속의 여자〉 전문

어느 날, 하루의 일상을 마무리하고 거울 앞에 앉았다. 거울에 비치는 얼굴, 언제나 보아왔던 평범했던 모습 위에 갑자기 살아 움직이는 지난 얼굴이 오버랩된다. 순간 출렁거림에 흐트러지는 눈, 참 낯설다.

주름주름마다 비의(秘義)가 술렁인다. 살아온 흔적이 은빛 이삭으로 나부낀다. 형식을 추구하고 미학을 따라가기보다는 깊이 새겨볼 사유가 두드러진다. 보이지 않으면서 존재하는 순간의 정서에 지난날이 그립다는 회고, 내재된 인식은 지난 자리를 벗어나 오늘이 더 아름답다는 길을 낸다.

눈이 소복소복 쌓이던 날
현관 밖이 소란해지면서

딩동댕 딩동딩동 벨이 숨넘어 간다
두 손녀가 들어오는 모양이다

문을 여는 순간
소나무 심어진 축구공만 한 눈덩이를
끙끙대며 안고 있는 게 아닌가
할머니 화초 좋아해서 심어 왔다고
사시사철 놀이터 지켜주던 조선소나무
난데없는 습격에 많이도 놀랐겠다

베란다 화분 받침대에 앉혀놓고 보니
솔향 폴폴 마음속까지 초록 물들어
동심의 세계로 퐁당 빠져버렸다

찢어지게 가난했던 어린 시절
청솔가지 아궁이에 넣고 눈물짓던 때가 떠오른다
온몸을 다 내주어
집 짓고 불 지피고 송홧가루 배고픔 달래주고
저승 가는 길 육신까지 담아 주던 소나무

몸의 기를 맑게 해주었던 웅장한 기품
한치 흔들림 없이 꼿꼿한 선비의 정신
두 손녀가 소나무처럼 사시사철 푸름으로
꼿꼿하게 자라주길

—〈동심에 빠져〉 전문

할머니와 손녀 그 사이에는 같은 눈높이가 있다. 보듬고 챙기는 것은 할머니지만 이끄는 것은 손녀다. 집 안팎을 쉼 없이 돌아다니면서 벌여놓는 개구쟁이 손녀의 난장판에는

생기발랄한 미래가 있다. 할머니를 믿는 손녀에게서 자신을 돌아보는 길을 열고 돌아보는 그리움이 있다

눈덩이에 소나무를 꼽아 들고 오는 장면에서 그려보는 지난날, 어느 것 하나 도움을 받지 않은 것이 없었다. 겨울 지나면 봄이 오듯 돌고 도는 순환의 계절 앞에서 돌아나가기만 하는 연륜이 망연하다.

보고팠던 얼굴들
주위 시선 아랑곳없이 터지는 수다
차 안에서도 무르익는다

차창 밖 눈길 닿는 곳마다
사정없이 풀어놓는 황홀한 꽃의 향연
복숭아꽃 소복소복 수줍음 토해내고
흰 면사포 같은 배꽃에 눈부셔 눈물난다

소문 줄에 엮여온 사람들
배밭 안 식당이 들썩인다
예약이란 단어는 참 편리한 것
쉽게 방 한 칸 꿰차고 앉아
갈비의 요염한 유혹에 홀려 두어 잔 마신 술에
얼굴마다 복숭아꽃 활짝 피어
가슴 속 담아 두었던 이야기들
쉼 없이 피워 올린다

서너 시간의 만남을 위해
방방곡곡에서 철새처럼 모여들었다가
깃털 하나씩 남겨놓고 날아가는 회상의 터

—〈회상의 터〉 전문

잘나고 못나고, 있고 없고를 떠나 모두 한마음으로 뛰어 놀던 어릴 적 소꿉친구, 복숭아꽃 배꽃 만발하게 피어나던 그 고향 길에서 황혼녘에 만나 나누는 정에는 지나간 날이 앞장서서 다가온다. 만나면 그때의 어릴 적 이야기로 시간을 묶는다.

사회생활을 하면서 묻어 두었던 그 시절의 이야기가 더부룩하게 채워져 있던 속을 뒤집어 놓아 후련하다. 뉘엿거리는 저물녘의 복숭아밭, 불그레하다. 누구든 어디로 가느냐고 묻지 않아도 가는 길을 가늠할 수 있기에 더 정겹지만 애달프다. 언제 또 만날 수 있을까? 설렁설렁 다가오는 밤.

참으로 오랜만에 집단장 길 나섰다
꼭꼭 숨어 있던 세간들
너도나도 튀어나와 눈치만 본다
저것들 반 이상은 떠나보내야 할 텐데
결정을 못 내리고 망설이는데
냉정한 딸은 가차 없이 내친다

제일 덩치 큰 농에 화살이 꽂힌다
오랜 세월 손때 묻고 정들었는데
포송포송 목화솜 다독여 포근히 잠자리 봐주고
사시사철 옷가지들 가지런히 놓았다가
때맞춰 꺼내주던 다정한 손길
보내야 하는 아쉬움

쓰레기장 옆에 내놓고 관리실에 신고하니
2만 5천 원 스티커 붙여야 데려간단다
저승길 노자인가
늙어 보잘것없다고 엄동설한에 내쫓는
주인을 얼마나 원망할까

아침마당에 독거노인들의 눈물겨운 이야기가
자꾸만 머릿속을 맴돌아
마음이 착잡하다

—〈늙으면 서럽다〉 전문

존재하는 것은 시간이 아니라 나이를 헤아리는 숫자다. 마지막 석별의 손을 흔들고 가는 뒷모습에는 나이가 존재한다. 젊어서부터 손때 묻으며 함께 맞고 보내온 시간 속의 장롱, 낡아서 버려야 하는 모습에서 자신을 돌아본다. 떠나는 길에 쥐여줘야 하는 노잣돈, 시대적으로 노인보호요양소가 늘어나는 시점에서 바라본 눈길이 깊다.

지난날을 회고하면서 오늘의 상황에 안타까워하는 의식, 누구나 태어나면 돌아가는 길이 있다지만 헤어진다는 것은 슬프다. 그래서 그 길은 착잡하지만 단조롭기도 하다. 스티커 한 장 붙이고 머리 돌리면 그뿐, 데려가는 것은 낯선 이, 냉엄한 오늘을 노출한다.

인고의 시간은 길고 길었다
등 하나 밝혀주는 이 없이
추위와 모진 바람 헤쳐온
세월을 돌아본다

청자빛 하늘 이고 우아한 자태로
선망의 찬사를 받기까지
피나는 노력과 고통이었다

미소 뒤에 슬픔을 감춰야 한다는 것이
더 아팠다
돌아보기 전에 꽃잎 하나 툭 떨어진다
머물다 가는 세상, 잠깐이런가

만나면 떠나야 한다고
그날을 생각하지 않은 것은 아니지만
이렇게 눈짓 하나에도 흔들려 돌아서는 모습은
초라하고 안타깝다
사랑이란 이름의 애절한 사연을 간직한 채
숨져가는 한 서린 여인
가슴이 아려온다

노을에 걸린 나이
마지막 가는 그리움의 길엔
색 바랜 목련 꽃잎 모두 접어 날리고
고운 모습만 보여주고 싶다

―〈목련〉 전문

시시각각 변화하는 풍경에 자신을 넣어보며 감응한다. 모진 추위 눈바람을 겪으며 헤쳐나와 피우는 꽃 목련, 목련은 시인의 아호이기도 하다. 어쩌면 목련을 바라보면서 자신의 삶을 고스란히 담았는지도 모른다. 지난날 결코 쉽지만은 않았던 한스러웠던 삶의 길, 겸손과 사랑을 앞세워 아픔을 해소하며 어둠을 밝혀온 시인의 감성은 넓게 펴진다.

시인이 바라보는 노을에 목련꽃잎이 날아오른다. 목련이 주는 고고한 모습 그렇게 닮고 싶은 시인의 소망이 있다. 순환하는 사계 속에서 탄생과 만남과 이별하는 과정에서도 고운 모습을 남기고 싶은 시인의 진심이 새겨 있다.

3. 시적 공간에서 피어나는 목련꽃

시인은 모정이 넘쳐나 바라보는 눈길이 애틋하다. 시인이 시를 만나는 장으로 들어설 때 바람이 살살 일던 뜰은 꽃망

울이 피어나듯 고요하였다.

서정의 아련한 그리움을 담아내는 시의 텃밭, 문자를 목청에 담아 말맛을 내는 서정어린 시낭송으로 각종 대회에서 수많은 상을 받은 재주가 있는 시인, 지나간 일을 되새기며 거리를 좁혀 그리움으로 회고하는 시인, 젊었을 때 펴보지 못한 시상에 그리움과 기다림을 섞어 삶의 길이를 쭈욱 늘이며 펼치는 시인. '그럴 것이다.' 라며 익숙하게 전해지는 예감도 있지만, 그 안에서 모든 것을 풀어내 소화를 시킨다.

시간을 투명하게 보이며 서두르지 않는다. 시인의 동작은 자연스럽고 당당하다. 그래서 스스로 짓고 꾸민 창의 시극에도 출연하여 시정에 젖고 사랑을 알리며 열렬한 박수를 받는다. 시인은 시에서 자신의 실존감을 찾으며 자기 성찰을 통하여 비어 있는 자신을 채우고 뿌듯해 한다.

나이가 들면서 세월이 빨리 간다는 속설을 시로 채우며 황혼의 애상을 꽃으로 피우는 시인, 지각하지 못하는 세월과 나이와의 풍경을 시로 그려내고 있다. 칠순을 향해가는 시인의 시적 상상력은 더 짙어 간다.

시인은 시적 메타포를 통해 삶을 그려내기보다는 인생사의 이미지를 통해 존재의 흔적을 드러낸다. 그 존재의 무수한 흔적을 시속에 넣고 절절하게 읊는다. 시인과 함께하면서 감겨오는 깊은 정이 있다. 언제나 푸근하다는 것이다.

시인의 시적 공간에서 사시사철 하얀 목련꽃이 피어나길 바란다.

홍춘녀 시집
술래가 찾지 못한 이름

초판1쇄 인쇄 · 2012년 12월 10일
초판1쇄 발행 · 2012년 12월 15일

지은이 · 홍춘녀
펴낸이 · 윤영희
주 간 · 이은별

펴낸곳 · 도서출판 **동행**
등록번호 · 제2-4991호

주소 · 서울시 중구 을지로 3가 302-18
편집부 · (02) 2285-0711
영업부 · (02) 338-2734
팩 스 · (02) 338-2722
이메일 · gongamsa@hanmail.net

값 8,000원

ISBN 978-89-94227-63-4 03810